하늘의 멜로디

절대긍정 120 찬송 경배집

하늘의 멜로디
절대긍정 120 찬송 경배집

이영훈 엮음

교회성장연구소

"새 노래 곧 우리 하나님께 올릴 찬송을
내 입에 두셨으니"

시편 40:3

"한밤중에 바울과 실라가 기도하고
하나님을 찬송하매"

사도행전 16:25

Prologue

　구원자 하나님은 우리를 향한 절대긍정의 사랑을 가지고 계십니다. 그 하나님을 새 노래와 새 마음으로 찬양하는 것은 우리의 특권이자 의무입니다시 96:1. 우리는 그 특권과 의무 가운데서 평생, 끊임없이 구주를 찬송해야 합니다 시 104:33.

　이번에 절대긍정의 메시지를 담은 찬송과 경배 120곡을 선별하여 『하늘의 멜로디 Heavenly Melody』를 출판하게 되었습니다. 제가 쓴 『절대긍정의 기적』의 목차대로 구성되어 있는 이 책은, 오순절 날 마가다락방에 120명이 기도하는 가운데 성령충만을 받은 것처럼, 120곡을 부를 때마다 성령의 은혜가 임한다는 의미를 담고 있습니다. 어떤 어둠이나 절망적 상황 가운데에도 '하늘의 멜로디'로 찬양할 때 하늘의 빛과 희망이 오게 될 것입니다.

　찬송집 편집에 도움을 준 여의도순복음교회 찬양특별교구에 감사드립니다. 이 찬송집이 많은 성도에게 하나님을 향한 절대긍정의 믿음과 소망을 불러일으키길 기도합니다. 찬송을 부를 때마다 감사와 찬송과 기쁨의 옷을 입게 되는 역사가 일어나길 간절히 소망합니다.

여의도순복음교회 담임목사
이 영 훈

		Prologue	05

절대긍정의 중요성	001	할 수 있다 해보자	14
	002	슬픈 마음 있는 사람(찬91)	15
	003	일어나 걸어라	16
	004	할 수 있거든이 무슨 말이냐	17
	005	선한 능력으로	18
	006	나의 영원하신 기업(찬435)	19
	007	여호와 나의 목자	20
	008	주의 음성을 내가 들으니(찬540)	21
	009	내 안에 가장 귀한 것	22
	010	강물 같이 흐르는 기쁨(찬182)	23
	011	하나님의 음성을	24
	012	선하신 목자	25

절대긍정의 하나님에 대한 긍정	013	하나님을 사랑하는 자	28
	014	에벤에셀 하나님	29
	015	너 근심 걱정 말아라(찬382)	30
	016	위대하신 주	31
	017	변찮는 주님의 사랑과(찬270)	32
	018	은혜	33
	019	오 신실하신 주(찬393)	34
	020	그는 여호와	35
	021	아 내 맘속에(찬411)	36
	022	길을 만드시는 분	37
	023	주가 일하시네	38
	024	죄에서 자유를 얻게 함은(찬268)	39

오중긍정 ① 자신에 대한 긍정	025	주 안에 있는 나에게(찬370)	42
	026	예수가 거느리시니(찬390)	43
	027	내게 강 같은 평화	44
	028	나와 동행하시는 주님	45
	029	하늘 위에 주님밖에	46
	030	주를 앙모하는 자(찬354)	47
	031	나 기뻐하리	48
	032	나 같은 죄인 살리신(찬305)	49
	033	당신은 사랑 받기 위해	50
	034	나 어느 곳에 있든지(찬408)	51
	035	주를 위한 이곳에	52
	036	주 예수 내 맘에 들어와(찬289)	53

오중긍정 ② 타인에 대한 긍정	037	야곱의 축복	56
	038	주님 손 잡고 일어서세요	57
	039	너 시험을 당해(찬342)	58
	040	예수 이름이 온 땅에	59
	041	하나님은 너를 지키시는 자	60
	042	이 세상의 모든 죄를(찬261)	61
	043	누군가 널 위해 기도하네	62
	044	축복의 통로	63
	045	그리스도의 계절	64
	046	너는 그리스도의 향기라	65
	047	이렇게 좋은 날	66
	048	우리 다시 만날 때까지(찬222)	67

오중긍정 ③ 일과 사명에 대한 긍정	049	주님 다시 오실 때까지	70
	050	값비싼 향유를 주께 드린(찬211)	71
	051	천성을 향해 가는 성도들아(찬359)	72
	052	겸손히 주를 섬길 때(찬212)	73
	053	나 어디 거할지라도	74
	054	부름 받아 나선 이 몸(찬323)	75
	055	주님 말씀하시면	76
	056	내 죄 속해 주신 주께(찬215)	77
	057	나를 받으옵소서	78
	058	익은 곡식 거둘 자가(찬495)	79
	059	사명	80
	060	주 다스리시네	81

오중긍정 ④ 환경에 대한 긍정	061	길이 없는 곳에	84
	062	내 영혼에 햇빛 비치니(찬428)	85
	063	나의 피난처 예수	86
	064	주 하나님 지으신 모든 세계(찬79)	87
	065	오 신실하신 주(하나님 한 번도 나를)	88
	066	주와 같이 길 가는 것(찬430)	89
	067	행복	90
	068	큰 물결이 설레는 어둔 바다(찬432)	91
	069	생명 주께 있네	92
	070	귀하신 주여 날 붙드사(찬433)	93
	071	너는 내 아들이라	94
	072	귀하신 친구 내게 계시니(찬434)	95

오중긍정 ⑤ 미래에 대한 긍정	073	주 품에	98
	074	행군 나팔 소리에(찬360)	99
	075	아무것도 두려워 말라	100
	076	눈을 들어 산을 보니(찬383)	101
	077	소원	102
	078	나의 갈 길 다 가도록(찬384)	103
	079	기뻐하며 왕께 노래부르리	104
	080	하나님의 나팔소리(찬180)	105
	081	날마다 숨쉬는 순간마다	106
	082	이 몸의 소망 무언가(찬488)	107
	083	원하고 바라고 기도합니다	108
	084	주여 지난밤 내 꿈에(찬490)	109

삼중훈련 ① 긍정언어의 훈련	085	나의 안에 거하라	112
	086	천지에 있는 이름 중(찬80)	113
	087	낮은 자의 하나님	114
	088	달고 오묘한 그 말씀(찬200)	115
	089	나의 힘이 되신 여호와여	116
	090	하나님 아버지 주신 책은(찬202)	117
	091	할 수 있다 하신 이는	118
	092	이 눈에 아무 증거 아니 뵈어도(찬545)	119
	093	주님 한 분만으로	120
	094	예수 사랑하심을(찬563)	121
	095	이 산지를 내게 주소서	122
	096	죄짐에 눌린 사람은(찬536)	123

삼중훈련 ② 절대감사의 훈련

097	송축해 내 영혼	126
098	내 기도하는 그 시간(찬364)	127
099	감사해	128
100	예수가 함께 계시니(찬325)	129
101	기도할 수 있는데	130
102	세상 모든 풍파 너를 흔들어(찬429)	131
103	주님 큰 영광 받으소서	132
104	감사하는 성도여(찬587)	133
105	그리 아니 하실지라도	134
106	사철에 봄바람 불어 잇고(찬559)	135
107	이 땅 고치소서	136
108	죄짐 맡은 우리 구주(찬369)	137

삼중훈련 ③ 사랑나눔의 훈련

109	이런 교회 되게 하소서	140
110	찬양하라 복되신 구세주 예수(찬31)	141
111	예수가 좋다오	142
112	주 예수보다 더 귀한 것은 없네(찬94)	143
113	거리마다 기쁨으로	144
114	성자의 귀한 몸(찬216)	145
115	낮엔 해처럼 밤엔 달처럼	146
116	우릴 사용하소서	147
117	축복송	148
118	사랑하는 주님 앞에(찬220)	149
119	나의 참 친구	150
120	새벽부터 우리(찬496)	151

하늘의 멜로디
절대긍정 120 찬송 경배집

절대긍정의 중요성

---

001 할 수 있다 해보자
002 슬픈 마음 있는 사람(찬91)
003 일어나 걸어라
004 할 수 있거든이 무슨 말이냐
005 선한 능력으로
006 나의 영원하신 기업(찬435)
007 여호와 나의 목자
008 주의 음성을 내가 들으니(찬540)
009 내 안에 가장 귀한 것
010 강물 같이 흐르는 기쁨(찬182)
011 하나님의 음성을
012 선하신 목자

001
할 수 있다 해보자

윤용섭

슬픈 마음 있는 사람

찬송가 91장

W.H.Donae

© Copyright Control General

003
일어나 걸어라

최용덕

나의 등 뒤에서 나를 도우시는 주
나의 인생길에서 지치고 곤하여
평안히 길을 갈 땐 보이지 않아도
때때로 뒤돌아 보면 여전히 계신 주
매일처럼 주저앉고 싶을 - 때 나를 - 밀어주시네
지치고 곤하여 넘어질 때 - 면 다가와 손 내미시네
잔잔한 미소로 바라보시 - 며 나를 - 재촉하시네
일어나 걸어라 내가 새 힘을 주리니
일어나 너 걸어라 내 너를 도우리

Copyright © 최용덕. Administered by CAIOS.
All rights reserved. Used by permission.

004

할 수 있거든이 무슨 말이냐

이영훈

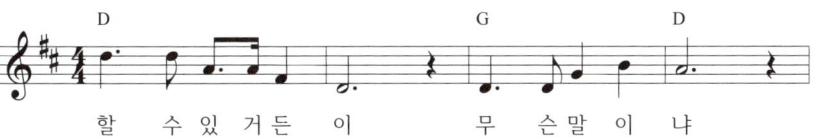

할 수 있거든 이 무슨 말이 냐

믿는 자 에겐 믿는 자 에겐 능 치 못 함 없 느 니 라

선한 능력으로
Von guten Mächten

Dietrich Bonhoeffer

© ABAKUS Musik · https://ABAKUSmusik.de · 8506

006

나의 영원하신 기업

찬송가 435장

S. J. Vail

007

여호와 나의 목자

김영기

여 호 와 나의 목 자 내게부 족 없 네 푸 르
내 영 혼 소 생하 며 자기이 름 위 해 의 의
주 님 의 지 팡이 가 안위하 네 나 를 주 께
기 름 을 머 리위 에 바르시 는 주 님 평 생

른 초 장위 에 나 의몸 누 이시 네 선
길 인 도하 니 골 짜기 두 렴없 네
서 원 수앞 에 상 으로 베 푸시 네
에 선 하심 과 인 자함 따 르리 니

한 목 - 자 오 나의 목 - 자여 생 수

가 넘 치는 곳 날 인 도 하 - 시 네

Copyright © 김영기. All rights reserved. Used by permission.

008

주의 음성을 내가 들으니

찬송가 540장

W.H.Donae

© Copyright Control General

내 안에 가장 귀한 것

Peter S.M Cho

010

강물 같이 흐르는 기쁨

찬송가 182장

W. S. Marshall

© Copyright Control General

하나님의 음성을

김지면

012

선하신 목자

원제 : Shepherd of my soul

Martin Nystrom

O.T. : Shepherd Of My Soul / O.W. : Martin J. Nystrom
O.P. : Universal Music - Brentwood Benson Publ. / S.P. : Universal Music Publishing Korea, CAIOS
Adm. : Capitol CMG Publishing / All rights reserved. Used by permission.

하늘의 멜로디
절대긍정 120 찬송 경배집

절대긍정의
하나님에 대한 긍정

---

013   하나님을 사랑하는 자
014   에벤에셀 하나님
015   너 근심 걱정 말아라(찬382)
016   위대하신 주
017   변찮는 주님의 사랑과(찬270)
018   은혜
019   오 신실하신 주(찬393)
020   그는 여호와
021   아 내 맘속에(찬411)
022   길을 만드시는 분
023   주가 일하시네
024   죄에서 자유를 얻게 함은(찬268)

하나님을 사랑하는 자

이영훈

015

너 근심 걱정 말아라

찬송가 382장

W. S. Martin

© Copyright Control General

017

변찮는 주님의 사랑과

찬송가 270장

J. P. Webster

© Copyright Control General

019

오 신실하신 주

찬송가 393장

W. M. Runyan

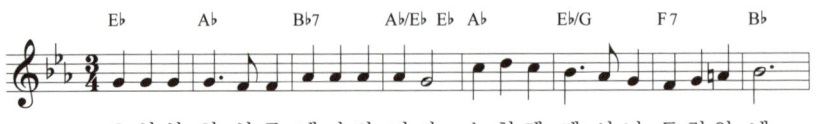

© Copyright Control General

023

주가 일하시네

이혁진

38

024

죄에서 자유를 얻게 함은

찬송가 268장

L. E. Jones

© Copyright Control General

하늘의 멜로디
절대긍정 120 찬송 경배집

오중긍정 ①
자신에 대한 긍정

025 주 안에 있는 나에게(찬370)
026 예수가 거느리시니(찬390)
027 내게 강 같은 평화
028 나와 동행하시는 주님
029 하늘 위에 주님밖에
030 주를 앙모하는 자(찬354)
031 나 기뻐하리
032 나 같은 죄인 살리신(찬305)
033 당신은 사랑 받기 위해
034 나 어느 곳에 있든지(찬408)
035 주를 위한 이곳에
036 주 예수 내 맘에 들어와(찬289)

주 안에 있는 나에게

찬송가 370장

W. J. Kirkpatrick

© Copyright Control General

026

예수가 거느리시니

찬송가 390장

W. B. Bradbury

© Copyright Control General

028

나와 동행하시는 주님

이영훈, 김애단

033
당신은 사랑 받기 위해

이민섭

034

나 어느 곳에 있든지

찬송가 408장

L. O. Brown

© Copyright Control General

035
주를 위한 이곳에

김준영, 임선호

036

주 예수 내 맘에 들어와

찬송가 289장

C. H. Gabriel

주 예 수 내 맘에 들어 와 계신 후 변 하여 새 사람 되 고 　 내가
주 예 수 내 맘에 들어 와 계신 후 망 령된 행실을 끊 고 　 머리
내 맘 에 소망을 든든 히 가짐은 주 예수 내 맘에 오 심 　 의심
사 망 의음침한 골짜 기가다가 밝 은 빛 홀연히 비 쳐 　 저멀
내 가 저 천성에 올라 가 살기는 주 예수 내 맘에 오 심 　 천성

늘 바 라던 참 빛 을 찾음도 주 예수 내 맘에 오 심 　 주
털 보 다도 더 많 던 내 죄가 눈 보 다 더 희어 졌 네
의 구 름이 사 라 져 버림도 주 예수 내 맘에 오 심
리 하 늘문 환 하 게 보임도 주 예수 내 맘에 오 심
에 올 라가 주 님 을 뵈리니 그 기쁨 비길데 없 네

예 수 내 맘에 오 심 　 주 예수 내 맘에 오 심 　 물밀

듯 내 맘에 기 쁨 이 넘침은 주 예수 내 맘에 오 심

© Copyright Control General

하늘의 멜로디
절대긍정 120 찬송 경배집

오중긍정 ②
타인에 대한 긍정

037 야곱의 축복
038 주님 손 잡고 일어서세요
039 너 시험을 당해(찬342)
040 예수 이름이 온 땅에
041 하나님은 너를 지키시는 자
042 이 세상의 모든 죄를(찬261)
043 누군가 널 위해 기도하네
044 축복의 통로
045 그리스도의 계절
046 너는 그리스도의 향기라
047 이렇게 좋은 날
048 우리 다시 만날 때까지(찬222)

037
야곱의 축복

김인식

너는 담 장 너머로 뻗은 나뭇 가지
는 어떤 시련이 와도 능히 이겨에 푸른 열매처럼 하나님의
낼 강한 팔이 있어 전능하신
귀한 축복이 삶에 가득히
하나님께서 너와 언제나
넘쳐날 거야
너 함께하시니
너는 하나님의 사람 아름다운 하나님의 사람
너는 하나님의 선물 사랑스런 하나님의 열매
나는 널 위해 기도하며 네 길을 축복할 거야
주의 품에 꽃 피운 나무가 되어줘

038

주님 손 잡고 일어서세요

김석균

왜 나만 겪는 고난이냐고 - 불평하지마세요 고난의
왜 이런 슬픔 찾아왔는지 - 원망하지마세요 당신이
뒤 편에 있는 주님이 주실 축복 미리 보면서 감사하세 요 너무
잃 은 것 보다 주님께 받은 은혜 더욱 많음에 감사하세 요
견 디기 힘든 지금 이 순간에도 주님이 일하고 계시 잖 아 요 남들
은 지쳐 앉아 있을지라도 당신 만은 일어서세 요 힘을
내 세요 힘을 내 세요 주님이 손 잡고 계시 잖아 요 주 님
이 나와 함께 함을 믿 는 다면 어떤 역경도 이길 수 있잖아 요

Copyright © 김석균. Administered by CAIOS. All rights reserved. Used by permission.

040
예수 이름이 온 땅에

김화랑

Copyright © 김화랑. Adm. by KCMCA.
All rights reserved. Used by permission.

041

하나님은 너를 지키시는 자

정성실

하나님은 너를 지키시는 자 너의 우편에 그늘 되-시니 - 낮의
해와 밤의 달-도 너를 해치 못하리 - 하나
님은 너를 지키시는 자 너의 환난을 면케 하-시니 - 그가
너를 지키시리라 너의 출입을 지키시리라 눈을
들어 산을 보아라 너의 도움 어디서 오나 천지
지으신 너를 만드신 여호와께로-다

043
누군가 널 위해 기도하네

Lanny Wolfe

O.T. : Someone is Praying for You / O.W. : Lanny Wolfe
O.P. : Lanny Wolfe Music / S.P. : Universal Music Publishing Korea, CAIOS
Adm. : Capitol CMG Publishing / All rights reserved. Used by permission.

044

축복의 통로

이민섭

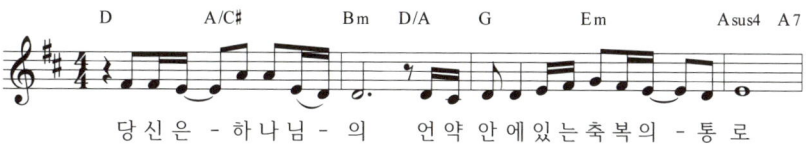

당신은 - 하나님 - 의 언약 안에있는축복의 - 통 로

당신을 - 통하여 - 서열방이 - 주께 - 돌아오게되 리
　　　　　　　　　　　　주께 - 예배하게되 리

045

그리스도의 계절

김준곤, 이성균

046
너는 그리스도의 향기라

구현화, 이사우

너는 그리스도의 - 향기 라 - 너는 그리스도의 - 편

지 라 하나님 - 앞에서그 - 리스도의 - 향기니 - 너를

통해생명이 - 흘러가 리   너를통해생명이 - 흘러가 리
  사 랑 이   사 랑 이
  기 쁨 이   기 쁨 이

Copyright © 구현화. Adm. by KCMCA.
All rights reserved. Used by permission

047
이렇게 좋은 날

최택헌

© 1992 최택헌. Administered by KwangsooMedia.
All rights reserved. Used by permission.

하늘의 멜로디
절대긍정 120 찬송 경배집

오중긍정 ③
일과 사명에 대한 긍정

049 　주님 다시 오실 때까지
050 　값비싼 향유를 주께 드린(찬211)
051 　천성을 향해 가는 성도들아(찬359)
052 　겸손히 주를 섬길 때(찬212)
053 　나 어디 기할지라도
054 　부름 받아 나선 이 몸(찬323)
055 　주님 말씀하시면
056 　내 죄 속해 주신 주께(찬215)
057 　나를 받으옵소서
058 　익은 곡식 거둘 자가(찬495)
059 　사명
060 　주 다스리시네

051

천성을 향해 가는 성도들아

찬송가 359장

R. Lowry

천성을향해 가는성도 - 들아 앞길에장애를두려워말라
너가는길을 누가비웃 - 거든 확실한증거를보여주어라
너가는길을 모두가기 - 전에 네손에든검을꽂지말아라

성령이너를인도하시 - 리니 왜지체를하고 - 있느냐
성령이친히감화하여 - 주사 그들도참길을 - 찾으리
저마귀흉계모두깨뜨 - 리고 끝까지잘싸워 - 이겨라

앞으로앞으로 천성을향해나가세 천성문만 바라고나가세

모든천사 너희를영접하러 문앞에기다려 - 서있네

© Copyright Control General

053

나 어디 거할지라도

한웅재

나 어디 거할지 - 라도 - 주 날개 나를 - 지키네 - 그
그늘 아래 - 서 나 주님을 노 - 래하네 -
외롭고 험 - 한 길에   내 믿음 연약 - 해져도 -
기다려주 - 실 수 있 는   주님 -   늘 나의 곁에
- - 계 시며 내게 말씀 - - 하시네 내가 너를
사 랑 한 다 - 넌 두려워 - 말 라 -   나 사랑하리
- - 당 신을 신뢰하리 -   - 그 마음 내가 살아
숨쉬는 - 동안 -   주님 - 나 어디 -   나
숨쉬는 - 동안 -   나 사는 날 - 동안 - - 에 주님 -

054

부름 받아 나선 이 몸

찬송가 323장

이유선

055

주님 말씀하시면

김영범

Copyright © 2003 김영범. hisdream@hitel.net

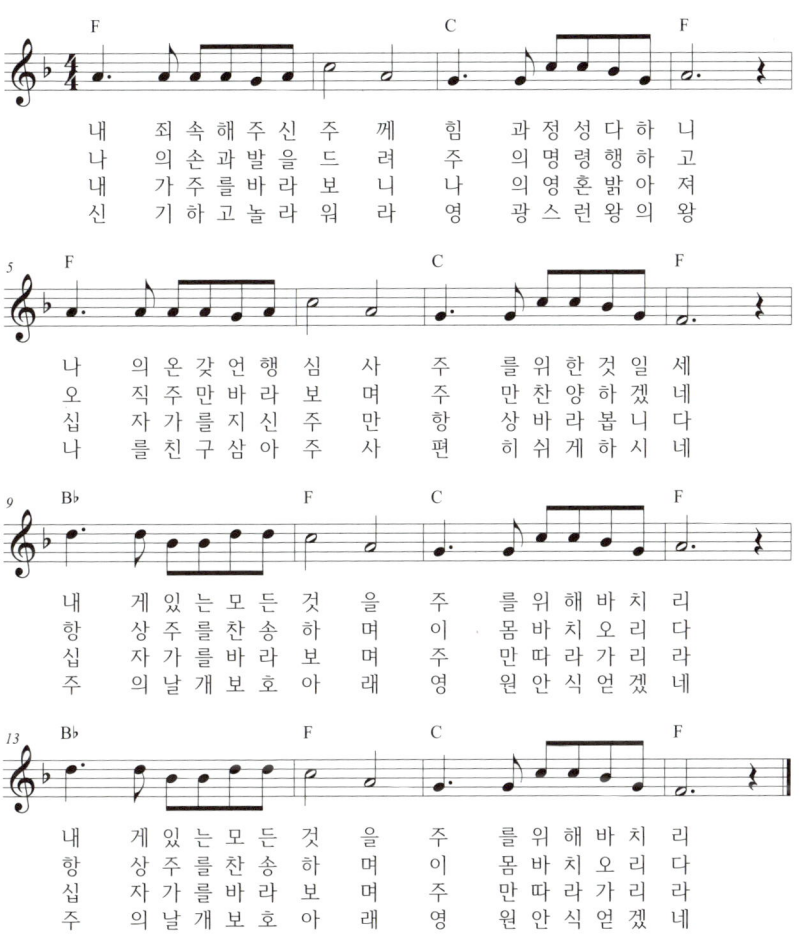

057

나를 받으옵소서

최덕신

058

익은 곡식 거둘 자가

찬송가 495장

L. N. Morris

060
주 다스리시네

Leonard E. Smith Jr.

Copyright © 1974 New Jerusalem Music.
Administered by CopyCare Korea(copycarekorea@gmail.com). All rights reserved. Used by permission.
Authorised Korean translation approved by CopyCare Korea.

하늘의 멜로디
절대긍정 120 찬송 경배집

오중긍정 ④
환경에 대한 긍정

061   길이 없는 곳에
062   내 영혼에 햇빛 비치니(찬428)
063   나의 피난처 예수
064   주 하나님 지으신 모든 세계(찬79)
065   오 신실하신 주
066   주와 같이 길 가는 것(찬430)
067   행복
068   큰 물결이 설레는 어둔 바다(찬432)
069   생명 주께 있네
070   귀하신 주여 날 붙드사(찬433)
071   너는 내 아들이라
072   귀하신 친구 내게 계시니(찬434)

062

내 영혼에 햇빛 비치니

찬송가 428장

E. E. Hewitt, J. R. Sweney

063
나의 피난처 예수

Herlin Pirena

065
오 신실하신 주

최용덕

066

주와 같이 길 가는 것

찬송가 430장

A. B. Simpson

© Copyright Control General

행복

손경민

068

큰 물결이 설레는 어둔 바다

찬송가 432장

A. Blenkhorn, W. S. Nickel

© Copyright Control General

069

생명 주께 있네

D. Gardner

070

귀하신 주여 날 붙드사

찬송가 433장

L. N. Morris

© Copyright Control General

071

너는 내 아들이라

이재왕, 이은수

072

귀하신 친구 내게 계시니

찬송가 434장

C. H. Greene, c, A. B. Smith

© Copyright Control General

하늘의 멜로디
절대긍정 120 찬송 경배집

오중긍정 ⑤
미래에 대한 긍정

073 　주 품에
074 　행군 나팔 소리에(찬360)
075 　아무것도 두려워 말라
076 　눈을 들어 산을 보니(찬383)
077 　소원
078 　나의 갈 길 다 가도록(찬384)
079 　기뻐하며 왕께 노래부르리
080 　하나님의 나팔소리(찬180)
081 　날마다 숨쉬는 순간마다
082 　이 몸의 소망 무언가(찬488)
083 　원하고 바라고 기도합니다
084 　주여 지난밤 내 꿈에(찬490)

주품에

원제 : Still

Reuben Morgan

Words and Music by Reuben Morgan
© 2002 Hillsong Music Publishing Australia (admin in Korea by Universal Music Publishing/ CAIOS)

아무것도 두려워 말라

현석주

076

눈을 들어 산을 보니

찬송가 383장

A. A. Pieters

소원
One thing

전은주

기뻐하며 왕께 노래부르리

David Fellingham

O.T. : Shout For Joy And Sing / O.W. : David Fellingham
O.P. : Thankyou Music Ltd / S.P. : Universal Music Publishing Korea, CAIOS
Adm. : Capitol CMG Publishing / All rights reserved. Used by permission.

080

하나님의 나팔소리
찬송가 180장

J. M. Black

하나 님의 나 팔소리 천지 진동할 때에 예수 영광중에 구름타시 고 천 사
무덤 속에 잠자는 자 그때 다시 일어나 영화로운 부활승리 얻으리 주 가
주님 다시오실날을 우리 알수 없으니 항상 기도하고 깨어있어 서 기 쁨

들 을세 계만 국 모든 곳에 보내어 구원 받은 성도들을 모으리 나 팔
택한 모든 성도 구름 타고 올라가 공중 에서 주의 얼굴 뵈오리
으로 보좌앞에 우리 나가서 도록 그때 까지 참고 기다리 겠네

불 - 때 나의이 름 나팔불 - 때 나의이 름 나팔

불 - 때 나의이름 부를때에 잔 치참 여하겠네

© Copyright Control General

082

이 몸의 소망 무언가

찬송가 488장

E. Mote, c, W. B. Bradbury

083

원하고 바라고 기도합니다

이현임, 김요셉, 민호기

Copyright © 2018 민호기, 이현임, 김요셉 Administrated by Soundrepublica.
All right reserved. Used by permission

084
주여 지난밤 내 꿈에

찬송가 490장

J. B. Pounds, C. H. Gabriel

주여 지난밤 내 꿈에 뵈었으니 그 꿈 이루어 주옵소서 - 밤과
마음 괴롭고 아파서 낙심될 때 내게 소망을 주셨으며 - 내가
세상 풍조는 나날이 변하여도 나는 내 믿음 지키리니 - 인생

아침에 계시로 보여주사 항상 은혜를 주옵소서 - 나의
영광의 주님을 바라보니 앞길 환하게 보이도다 -
살다가 죽음이 꿈 같으나 오직 내 꿈은 참되리라 -

놀라운 꿈 정녕 나 믿기는 장차 큰 은혜 받을 표니 - 나의

놀라운 꿈 정녕 이루어져 주님 얼굴을 뵈오리라 -

© Copyright Control General

하늘의 멜로디
절대긍정 120 찬송 경배집

삼중훈련 ①
긍정언어의 훈련

085 나의 안에 거하라
086 천지에 있는 이름 중(찬80)
087 낮은 자의 하나님
088 달고 오묘한 그 말씀(찬200)
089 나의 힘이 되신 여호와여
090 하나님 아버지 주신 책은(찬202)
091 할 수 있다 하신 이는
092 이 눈에 아무 증거 아니 뵈어도(찬545)
093 주님 한 분만으로
094 예수 사랑하심을(찬563)
095 이 산지를 내게 주소서
096 죄짐에 눌린 사람은(찬536)

085
나의 안에 거하라

류수영

086

천지에 있는 이름 중

찬송가 80장

G. Bethune, W. B. Bradbury

© Copyright Control General

087

낮은 자의 하나님

양영금, 유상렬

Copyright © 양영금/유상렬. Administered by OnlyOneMusic.
All rights reserved. Used by permission.

하나님 아버지 주신 책은

찬송가 202장

P.P.Bliss

© Copyright Control General

092

이 눈에 아무 증거 아니 뵈어도

찬송가 545장

T. Mitani, R. Lowry

이 눈 에 아 무 증 거 아 니 뵈 어 도 믿 음 만 을 가 지 고 서 늘 걸 으 며
이 눈 이 보 기 에 는 어 떠 하 든 지 이 미 얻 은 증 거 대 로 늘 믿 으 며
주 님 의 거 룩 함 을 두 고 맹 세 한 주 하 나 님 아 버 지 는 참 미 쁘 다

이 귀 에 아 무 소 리 아 니 들 려 도 하 나 님 의 약 속 위 에 서 리 라
이 맘 에 의 심 없 이 살 아 갈 때 에 우 리 소 원 주 안 에 서 이 루 리
그 귀 한 모 든 약 속 믿 는 자 에 게 능 치 못 할 무 슨 일 이 있 을 까

걸 어 가 - 세 믿 음 위 에 서 서 나 가 세 나 가 세 의 심 버 리 고

걸 어 가 - 세 믿 음 위 에 서 서 눈 과 귀 에 아 무 증 거 없 어 도

© Copyright Control General

093

주님 한 분만으로

박철순

094

예수 사랑하심을

찬송가 563장

A. B. Warner, W. B. Bradbury

095
이 산지를 내게 주소서

홍진호

096
죄짐에 눌린 사람은
찬송가 536장

J. H. Stockton

© Copyright Control General

하늘의 멜로디
절대긍정 120 찬송 경배집

삼중훈련 ②
절대감사의 훈련

097 송축해 내 영혼
098 내 기도하는 그 시간(찬364)
099 감사해
100 예수가 함께 계시니(찬325)
101 기도할 수 있는데
102 세상 모든 풍파 너를 흔들어(찬429)
103 주님 큰 영광 받으소서
104 감사하는 성도여(찬587)
105 그리 아니 하실지라도
106 사철에 봄바람 불어 잇고(찬559)
107 이 땅 고치소서
108 죄짐 맡은 우리 구주(찬369)

100
예수가 함께 계시니
찬송가 325장

C. F. Weigele

© Copyright Control General

102

세상 모든 풍파 너를 흔들어

찬송가 429장

J. Oarman Jr., E. O. Excell

세상 모든 풍파 너를 흔들 어 약한 마음 낙심하게 될때 에
세상 근심 걱정 너를 누르 고 십자가를 등에 지고 나갈 때
세상 권세 너의 앞길 막을 때 주만 믿고 낙심하지 말아 라

내려 주신 주의복을 세어 라 주의 크신 복을 네가 알리 라
주가 네게 주신복을 세어 라 두렴 없이 항상 찬송 하리 라
천사들이 너를 보호 하리 니 염려 없이 앞만 보고 나가 라

받 은 복을 세어 보아 라 크 신 복을 네가 알리 라

받 은 복을 세어 보아 라 주의 크신 복을 네가 알리 라

© Copyright Control General

103

주님 큰 영광 받으소서

원제 : Jesus shall take the highest honour

Chris A. Bowater

106

사철에 봄바람 불어 잇고

찬송가 559장

전영택, 구두회

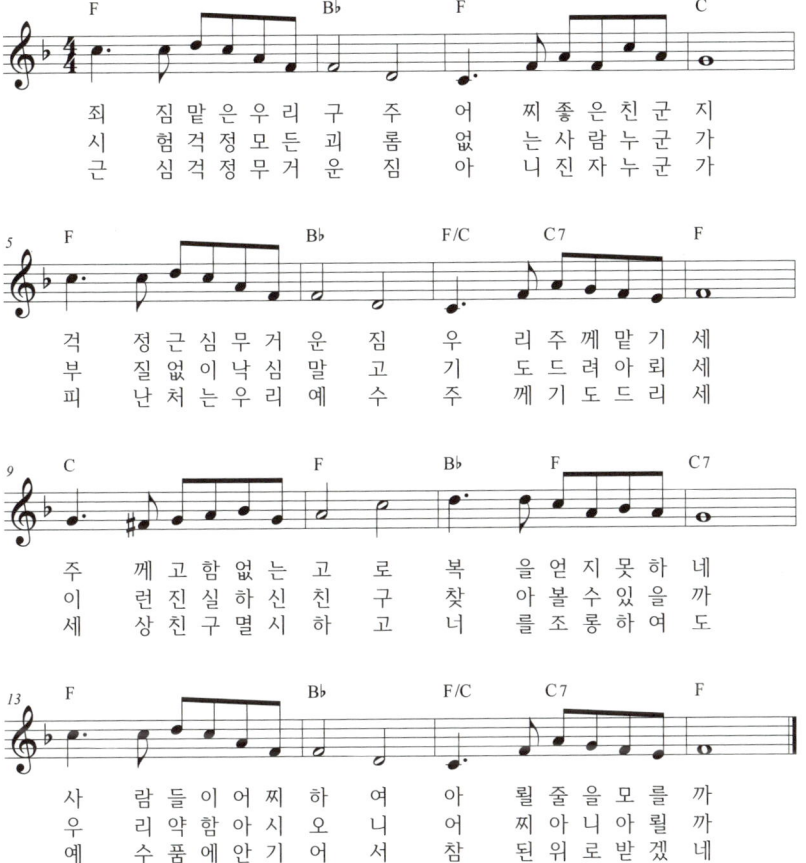

하늘의 멜로디
절대긍정 120 찬송 경배집

삼중훈련 ③
사랑나눔의 훈련

109 이런 교회 되게 하소서
110 찬양하라 복되신 구세주 예수(찬31)
111 예수가 좋다오
112 주 예수보다 더 귀한 것은 없네(찬94)
113 거리마다 기쁨으로
114 성자의 귀한 몸(찬216)
115 낮엔 해처럼 밤엔 달처럼
116 우릴 사용하소서
117 축복송
118 사랑하는 주님 앞에(찬220)
119 나의 참 친구
120 새벽부터 우리(찬496)

109
이런 교회 되게 하소서

김인식

110

찬양하라 복되신 구세주 예수

찬송가 31장

F. J. Crosby, C. G. Allen

찬 양 하 라 복되신구세주예수 백 성 들아 사랑을전하세
찬 양 하 라 복되신구세주예수 우리 대신 죽임을당했네
찬 양 하 라 복되신구세주예수 천 사 들아 즐겁게찬양해

경 배 하 라 하늘의천군과천사 주 님 앞에 영광을돌리세
구 주 예 수 영원한구원의소망 경 배 하며 겸손히절하세
구 주 예 수 영원히다스리시니 면 류 관을 주앞에드리세

목 자 같 - 이 우리를지키시고 종 일 품에 늘안아주시 니
찬 양 하 - 라 우리죄지신예수 그 의 사랑 한없이크셔 라
구 주 예 - 수 세상을이기시고 영 광 중에 또다시오시 리

찬 양 하 라 높으신권세를찬 양 찬 양 찬 양 영원히드리세

© Copyright Control General

예수가 좋다오

김석균

113

거리마다 기쁨으로

Reuben Morgan

Words and Music by Reuben Morgan
© 1998 Hillsong Music Publishing Australia (admin in Korea by Universal Music Publishing/ CAIOS)

115

낮엔 해처럼 밤엔 달처럼

최용덕

우릴 사용하소서

김영표

축복송

송정미

© 1991 송정미. Administered by KwangsooMedia.
All rights reserved. Used by permission.

119
나의 참 친구

김석균

120

새벽부터 우리

찬송가 496장

K.Shaw, G.A.Minor

새 벽 부 터 우 리 사 랑 함 으 로 써 저 녁 까 지 씨 를 뿌 려 봅 시 다
비 가 오 는 것 과 바 람 부 는 것 을 겁 을 내 지 말 고 뿌 려 봅 시 다
씨 를 뿌 릴 때 에 나 지 아 니 할 까 염 려 하 며 심 히 애 탈 지 라 도

열 매 차 차 익 어 곡 식 거 둘 때 에 기 쁨 으 로 단 을 거 두 리 로 다
일 을 마 쳐 놓 고 곡 식 거 둘 때 에 기 쁨 으 로 단 을 거 두 리 로 다
나 중 예 수 께 서 칭 찬 하 시 리 니 기 쁨 으 로 단 을 거 두 리 로 다

거 두 리 로 다 거 두 리 로 다 기 쁨 으 로 단 을 거 두 리 로 다

거 두 리 로 다 거 두 리 로 다 기 쁨 으 로 단 을 거 두 리 로 다

© Copyright Control General

목차

가나다순

감사하는 성도여	133
감사해	128
값비싼 향유를 주께 드린	71
강물 같이 흐르는 기쁨	23
거리마다 기쁨으로	144
겸손히 주를 섬길 때	73
귀하신 주여 날 붙드사	93
귀하신 친구 내게 계시니	95
그는 여호와	35
그리 아니 하실지라도	134
그리스도의 계절	64
기도 할 수 있는데	130
기뻐하며 왕께 노래부르리	104
길을 만드시는 분	37
길이 없는 곳에	84
나 같은 죄인 살리신	49
나 기뻐하리	48
나 어느 곳에 있든지	51
나 어디 거할지라도	74
나를 받으옵소서	78
나와 동행하시는 주님	45
나의 갈 길 다 가도록	103
나의 안에 거하라	112
나의 영원하신 기업	19
나의 참 친구	150
나의 피난처 예수	86
나의 힘이 되신 여호와여	116
날마다 숨 쉬는 순간마다	106
낮엔 해처럼 밤엔 달처럼	146
낮은 자의 하나님	114
내 기도하는 그 시간	127
내 안에 가장 귀한 것	22
내 영혼에 햇빛 비치니	85
내 죄 속해 주신 주께	77
내게 강 같은 평화	44
너 근심 걱정 말아라	30
너 시험을 당해	58
너는 그리스도의 향기라	65
너는 내 아들이라	94
누군가 널 위해 기도하네	62
눈을 들어 산을 보니	101
달고 오묘한 그 말씀	115
당신은 사랑 받기 위해	50
변찮는 주님의 사랑과	32
부름 받아 나선 이 몸	75
사랑하는 주님 앞에	149
사명	80
사철에 봄바람 불어 잇고	135
새벽부터 우리	151
생명 주께 있네	92
선하신 목자	25
선한 능력으로	18
성자의 귀한 몸	145
세상 모든 풍파 너를 흔들어	131
소원	102
송축해 내 영혼	126
슬픈 마음 있는 사람	15
아 내 맘속에	36
아무것도 두려워 말라	100
야곱의 축복	56

에벤에셀 하나님	29	주 예수보다 더 귀한 것은 없네	143
여호와 나의 목자	20	주 품에	98
예수 사랑하심을	121	주 하나님 지으신 모든 세계	87
예수 이름이 온 땅에	59	주가 일하시네	38
예수가 거느리시니	43	주님 다시 오실 때까지	70
예수가 좋다오	142	주님 말씀하시면	76
예수가 함께 계시니	129	주님 손 잡고 일어서세요	57
오 놀라운 구세주	17	주님 큰 영광 받으소서	132
오 신실하신 주(찬393)	34	주님 한 분만으로	120
오 신실하신 주	88	주를 앙모하는 자	47
우리 다시 만날 때까지	67	주를 위한 이곳에	52
우릴 사용하소서	147	주여 지난밤 내 꿈에	109
원하고 바라고 기도합니다	108	주와 같이 길 가는 것	89
위대하신 주	31	주의 음성을 내가 들으니	21
은혜	33	찬양하라 복되신 구세주 예수	141
이 눈에 아무 증거 아니 뵈어도	119	천성을 향해 가는 성도들아	72
이 땅 고치소서	136	천지에 있는 이름 중	113
이 몸의 소망 무언가	107	축복송	148
이 산지를 내게 주소서	122	축복의 통로	63
이 세상의 모든 죄를	61	큰 물결이 설레는 어둔 바다	91
이런 교회 되게 하소서	140	하나님 아버지 주신 책은	117
이렇게 좋은 날	66	하나님은 너를 지키시는 자	60
익은 곡식 거둘 자	79	하나님을 사랑하는 자	28
일어나 걸어라	16	하나님의 나팔 소리	105
죄에서 자유를 얻게 함은	39	하나님의 음성을	24
죄짐 맡은 우리 구주	137	하늘 위에 주님밖에	46
죄짐에 눌린 사람은	123	할 수 있다 하신 이는	118
주 다스리시네	81	할 수 있다 해보자	14
주 안에 있는 나에게	42	행군 나팔 소리에	99
주 예수 내 맘에 들어와	53	행복	90

Heavenly Melody

하늘의 멜로디
절대긍정 120 찬송 경배집

초판 1쇄 발행 | 2023년 6월 1일

엮 은 이 | 이영훈
편 집 인 | 홍영기
펴 낸 곳 | 교회성장연구소

등록번호 | 제 12-177호
주　　소 | 서울시 영등포구 은행로 59, 4층
전　　화 | 02-2036-7936
팩　　스 | 02-2036-7910
홈페이지 | www.pastor21.net

I S B N | 978-89-8304-358-0 13670

- 책 값은 뒤표지에 있습니다.
- 잘못된 책은 구입하신 곳에서 교환해 드립니다.
- 본 책은 저작권법에 의해 보호를 받는 저작물이므로 무단 전재 및 무단 복제를 금합니다.
- 본 찬양집은 한국크리스천음악저작자협회(KCMCA)로부터 승인을 받았습니다.
  (2023050305011-1720468-1722467).
- 본 찬양집의 모든 악보는 한국음악저작권협회(KOMCA)와 CAIOS, 카피케어, 광수미디어, 온리원뮤직, 한국찬송가공회, 사운드리퍼블리카의 승인을 받고 제작되었습니다.